AF469807

LA

BIENHEUREUSE MARIE-DE-L'INCARNATION

ET LE

CARMEL DE PONTOISE

NOTICE BIOGRAPHIQUE ET HISTORIQUE

PAR

M. l'Abbé PIERRON

Curé de Bièvres

VERSAILLES

J. RONCE, IMPRIMEUR-ÉDITEUR DE L'ÉVÊCHÉ

9, RUE DU POTAGER, 9

1886

LA BIENHEUREUSE MARIE-DE-L'INCARNATION

ET LE

CARMEL DE PONTOISE

NOTICE BIOGRAPHIQUE ET HISTORIQUE

PERMIS D'IMPRIMER.

Versailles, le 19 Mai 1886.

† PAUL, Évêque de Versailles.

LA BIENHEUREUSE MARIE-DE-L'INCARNATION ET LE CARMEL DE PONTOISE

NOTICE BIOGRAPHIQUE ET HISTORIQUE

PAR

M. l'Abbé PIERRON

Curé de Bièvres

VERSAILLES
L. RONCE, IMPRIMEUR-ÉDITEUR DE L'ÉVÊCHÉ
9, RUE DU POTAGER, 9

1886

AVANT-PROPOS

Le pieux pèlerin qui vient adresser ses prières à l'antique et miraculeuse statue de Notre-Dame, si vénérée par les habitants et par le voisinage de Pontoise, semble trop souvent ignorer les souvenirs religieux et les trésors de piété de cette ville. Dès qu'il a quitté la gare, ses yeux sont attirés, de suite, par la masse imposante de l'Eglise de Saint-Maclou, la principale paroisse et l'héritière de deux autres paroisses, aujourd'hui détruites, et de leurs reliques. A droite, à la vue de cette hauteur découronnée de son château-fort et de sa collégiale de Saint-Mellon, il évoque le souvenir des reliques du premier archevêque de Rouen, perdues à la Révolution, et du vœu de saint Louis, malade, qui s'engage à la croisade. A gauche, le modeste campanile de Notre-Dame, l'avertit du but de sa course et lui propose en même temps le culte de deux saints : Gauthier, premier abbé du monastère bénédictin de Saint-Martin, établi sur la paroisse, et Guillaume, curé même de Notre-Dame. Enfin, en dirigeant ses regards au-dessous de Saint-Maclou, un peu vers la droite, il aperçoit bientôt une flèche, peu élevée, qui lui annonce un couvent. Qu'il s'y rende ! les pierres de ce couvent lui parleront de sa fondatrice, qui fut en même temps la fondatrice du Carmel térésien en France : la chapelle, sanctuaire le plus vénérable de la ville après celui de Notre-Dame, contient les précieux restes d'une grande servante de Dieu, la Bienheureuse Marie-de-l'Incarnation.

Déjà plusieurs pèlerinages, surtout celui de Paris, ont pris l'habitude de compléter leurs exercices de dévotion, par la visite des reliques de celle qui fut la fille parfaite de la Très Sainte Vierge, en son Ordre du Carmel. On dirait que la Mère de Dieu les envoie à ce glorieux tombeau pour leur apprendre la récompense accordée à leur piété, cette sagesse divine, dont l'âme de la Bienheureuse a été comme le siège. « La Sainte Vierge, nous assure un de ses directeurs, Dom Sans, prieur des Feuillants, apparaissant sur un trône éclatant de lumière à Mme Acarie, lui apprit, en un moment, les plus grands secrets des trois degrés de la vie spirituelle et depuis, elle y fut si savante, que les plus éclairés, pouvaient apprendre quelque chose d'elle. » Si les Parisiens saluent en la Bienheureuse, leur concitoyenne du quartier de Saint-Merry, tous peuvent admirer et imiter des vertus qui ont relui plus longtemps dans le monde que dans le cloître. Si les reines Anne d'Autriche et Marie-Térèse d'Espagne, si les Marillac, les Séguier, les Coislin et la plupart des grands personnages du XVIIe siècle ; si les plus saints évêques et les religieux les plus fervents sont venus vénérer ces reliques, c'est également un devoir pour nous de les suivre dans cette chapelle, pour apprendre l'héroïsme de la sainteté et la puissance d'une intercession attestée depuis deux siècles. Cette conclusion est celle d'un grand prélat, de Mgr Dupanloup, qui, émerveillé par la lecture de la vie de Mme Acarie, composée par M. Boucher, voulut révéler la grandeur de cette femme vénérée qui fut parfaite dans tous les états de la vie, et pour cela faire une nouvelle édition de cet ouvrage considérablement accru par les recherches du savant auteur. Le succès de ce livre, aujourd'hui presque introuvable, prouve que ce type de la femme forte répond à l'un des besoins de notre époque...

Mais, depuis la date de 1854 que porte cette édition, une génération nouvelle, remuante et affairée, qui parcourt plutôt qu'elle ne lit les livres, demande cependant à connaître les saints. Comment venir à son aide, sinon par quelque résumé qui fixe un instant l'intelligence et détermine la lecture d'un ouvrage plus complet et plus intéressant ? Le lecteur ne peut demander ce résumé des grâces littéraires ; il doit même s'attendre à une certaine sécheresse presque indispensable à tout abrégé. L'exactitude dans les faits et l'amour de la Bienheureuse, tel est le double but de l'auteur, qui est persuadé que la Bienheureuse Marie-de-l'Incarnation, mieux connue, sera plus honorée, à la plus grande gloire de Dieu et au plus sûr avantage des fidèles, et que le Carmel de Pontoise apparaîtra ce qu'il est vraiment, l'une des spéciales bénédictions de cette ville et de la France. Cet écrit, pour cette raison, se divise en deux parties : la vie de la Bienheureuse jusqu'à son entrée au couvent de Pontoise et son séjour dans ce couvent.

LA BIENHEUREUSE MARIE-DE-L'INCARNATION

ET LE

CARMEL DE PONTOISE

NOTICE BIOGRAPHIQUE ET HISTORIQUE

PREMIÈRE PARTIE

CHAPITRE PREMIER

Naissance de la Bienheureuse Marie de l'Incarnation. — Son éducation. — Sa jeunesse. — Son mariage.

La servante de Dieu qui devait fonder et illustrer le couvent des Carmélites de Pontoise, naquit à Paris, le 1er février 1566, sur la paroisse de Saint-Merry. Elle était fille de Nicolas Avrillot, seigneur de Champlatreux, près Luzarches, maître des comptes de la Chambre de Paris et chancelier de la reine de Navarre, Marguerite de Valois, et de Marie L'huillier, d'une des meilleures et des plus anciennes familles de Paris. Baptisée le lendemain, à l'église paroissiale, elle reçut le nom de Barbe, le jour de la Purification, « où les chrestiens, dit son premier histo-
« rien, André Duval, ont accoustumé de porter en proces-
« sion des cierges ardans, et semble que ce fust à cette
« sainte fille un bon présage, tant pour ce qu'elle devoit
« en sa vie esclairer le monde d'une lumière fort ardante,
« comme aussi il semble que Dieu lui imprima dès lors
« une dévotion particulière à sa saincte mère, qu'elle con-
« serva tout le reste de sa vie et fist paroître des vifs

« eschantillons de son enfance. » Elle fut consacrée à la sainte Vierge jusqu'à l'âge de sept ans, par sa mère qui jusqu'alors n'avait pu élever d'enfants.

Rencontrée à l'âge de quatre ans par un écolier de dix ans, qui devait être plus tard son coopérateur dans l'institution du Carmel, et l'un de ses principaux directeurs, elle lui fit une telle impression, qu'il ne cessa depuis de prier pour elle chaque jour et surtout de la recommander à sainte Geneviève. C'est Jacques Gallemant lui-même qui l'a raconté. Elle avait déjà un air recueilli et modeste au-dessus de son âge. Elle fut bientôt jugée digne de recevoir le sacrement de confirmation ; puis ses parents la confièrent aux Clarisses de Longchamps parmi lesquelles se trouvait une de ses tantes. Elle ne tarda pas d'édifier la maison à ce point, dit Duval, que Longchamps était dans l'admiration de voir dans un âge si tendre une vertu si réfléchie, et aujourd'hui même, en 1632, lorsqu'il déposa pour sa béatification, on ne se la rappelle qu'avec édification et l'on aime à parler des présages heureux que sa piété faisait former sur son compte. Déjà elle mettait en pratique cette maxime qui dénote le bon sens chrétien et un mâle caractère : On ne doit jamais paraître ému d'aucune affaire, à moins que la gloire de Dieu n'y soit intéressée. Aussi, dès le couvent, révélait-elle les indices de sa rare prudence; elle était déjà consultée par l'abbesse qui s'étonnait de la justesse de ses décisions.

Son bonheur eût été de rester religieuse en ce couvent; cette enfant se sentait, depuis sa première communion, attirée à Dieu, mais elle fut rappelée subitement à la maison paternelle à l'âge de quatorze ans. Fille unique et riche héritière, elle était destinée à un brillant établissement dans le monde, par sa mère inquiète de ce qu'elle appelait un grand excès de dévotion. Aussi fut-elle mal reçue quand elle parla de son désir de servir les malades à l'Hôtel-Dieu de Paris, ou d'entrer dans une congrégation au choix de sa mère, et comme elle persévérait dans ses goûts de retraite et d'éloignement du monde, sa mère en vint à la dureté envers elle ; elle lui défendit dans le grand hiver de 1581 à 1582 de s'approcher du feu. La jeune Avrillot en eut les pieds gelés, et pour la guérir il lui fallut extraire quelques os cariés. Elle manifesta une patience héroïque, préludant ainsi aux maladies et aux épreuves qui devaient, dans la suite, l'assaillir. Enfin, malgré ses répugnances pour le mariage, pour obéir à sa mère, à l'âge de seize ans et demi, le 24 août 1582, elle épousa Pierre Acarie, d'une famille riche et distinguée. Il était digne de son épouse par ses qualités : bonté de cœur, douceur de caractère, droiture d'âme, franchise et gaîté toute française, bonne éducation. Il apportait en plus un profond attachement à la foi catholique. L'épouse se présentait avec de semblables qualités, relevées par la grâce de son maintien et de sa conversation et par une beauté qui lui valait le surnom de la belle Acarie.

CHAPITRE DEUXIÈME

Vie domestique de Mme Acarie ; ses devoirs d'épouse, de mère, de maîtresse de maison.

« Puisque mes péchés, disait cette sainte épouse, m'ont « rendue indigne du titre glorieux d'épouse de Jésus- « Christ, il faut bien que je me contente d'être sa ser- « vante dans un état inférieur. » Elle embrassa tous les devoirs de la vie conjugale avec sagesse et énergie. Elle se concilia, par sa déférence, sa belle-mère, à ce point que M. Acarie se plaignait aimablement à sa mère d'aimer plus sa bru que son fils. Elle consentit même, à son grand déplaisir, à se parer plutôt par obéissance à son mari qu'à sa belle-mère. Il lui survint une tentation : dans une société, elle surprit en elle-même un mouvement de dépit à la vue d'une autre dame plus élégante; elle regretta par ses larmes cet instant de vanité et se surveilla plus vivement. Elle eut alors une tentation d'un autre genre : pour se mortifier, elle eût volontiers accepté des singularités. Un cousin, aussi vertueux qu'éclairé, lui donna un salutaire conseil : elle jeûna, se mortifia sans que rien ne parut à l'extérieur, grâce à la connivence de sa femme de chambre, Andrée Levoix, son émule en vertu. Enfin elle dut à son mari un précieux service. Une femme du monde avait prêté des romans à Mme Acarie qui y prenait plaisir. M. Acarie n'agréa pas ce genre de lecture, et lui fit remettre par un prêtre de Saint-Etienne du Mont, son confesseur, des livres de piété. Elle en retint deux maximes qui réglèrent désormais toute sa vie : « Nous ne sommes que ce que nous sommes devant Dieu », de saint François; et celle-ci de saint Augustin : « Est trop avare à qui Dieu ne suffit. »

Elle honora, servit et aima son mari au point d'exciter l'étonnement. Quand il arrivait là où elle se trouvait, elle se levait, et un jour elle se déboîta la hanche dans sa précipitation. Elle lui demandait permission pour agir, lui rendait un compte exact, ne dépassait pas volontiers les heures fixées; elle quittait même des dévotions pour obéir à son époux. Une fois, elle quitta la Sainte Table sans communier parce que son mari la demandait. Cette obéissance engendra de nombreux actes de patience. M. Acarie, très bon, était en même temps assez taquin. Il disait : « On dit que ma femme sera canonisée, je veux qu'il soit parlé de moi dans le procès de canonisation. » Pendant les travaux du couvent des Carmélites de Notre-Dame des Champs où sa présence était nécessaire, elle reçut de son mari l'ordre de garder la maison pendant quinze jours, elle resta chez elle, jugeant qu'il était bon puisque la Providence en jugeait ainsi. En même temps, elle ne permettait pas que les domestiques abusassent de la familiarité avec laquelle son jovial époux les traitaient. Enfin elle ne vivait que pour M. Acarie, et dans ses maladies elle le soignait elle-même jour et nuit. Elle devait montrer encore davantage la grandeur de son dévouement.

Pendant la Ligue, M. Acarie dépensa plus de trente mille écus pour la cause catholique, il fut un des chefs de la résistance sans se rendre coupable d'aucun excès : aussi fut-il seulement exilé de Paris. Il se retira dans l'abbaye de Bourgfontaine, près de Villers-Cottret, et pour comble de malheur, comme les hostilités continuaient de ce côté entre Français et Espagnols, les Espagnols qui tenaient encore le fort de Pierrefonds envahirent à l'improviste l'abbaye, s'emparèrent de M. Acarie et ne voulurent le lâcher que pour une forte rançon. Déjà, depuis quelque temps, les revenus de ses terres n'étaient plus payés : Mme Acarie avait à sa charge son vieux père, également ruiné par la Ligue, et elle se trouvait impliquée avec son mari dans un procès criminel dont l'issue semblait devoir leur être fatale. Elle devint alors héroïque. Epuisée par le paiement des trente mille écus de dettes de son mari, elle se vit saisie, au moment de son repas, privée de l'assiette, de l'escabeau sur lequel elle était assise, sans ressentir d'autre émotion qu'une joie intérieure qu'elle aimait à rappeler depuis. Elle éprouva le plus humiliant refus d'un parent auquel elle demandait cinq sous pour le repas de ses six enfants, et la rigueur d'un autre qui lui conseilla inutilement de demander la séparation de biens entre elle et son époux. Réfugiée auprès de la mère de M. de Bérulle, après avoir placé son père à la campagne et tout en s'occupant de ses enfants, elle trouva l'argent nécessaire pour la délivrance de M. Acarie qui vint habiter Luzarches, s'occupa elle-même de la défense de sa cause, fit les extraits, écrivit les mémoires à l'admiration des avocats, c'était son travail de nuit ; le jour elle faisait les démarches, sollicitait les grands personnages, souvent rebutée et insultée par les valets, mais toujours calme et parlant de Dieu aux personnes qui se joignaient à elle. Obligée de conférer pour ses affaires avec son mari, elle entreprenait des voyages toujours pénibles et périlleux dans ces temps. Son innocence fut reconnue ainsi que celle de son mari ; elle réunit les épaves de sa fortune, rétablit sa maison, mais non pas dans sa splendeur précédente.

Elle aima ses enfants comme elle aimait son mari. Dieu lui en donna six, trois fils et trois filles : elle les consacra au Seigneur dès leur conception et ne les éleva que pour Dieu. Elle leur disait souvent qu'elle ne les aimerait qu'autant qu'ils aimeraient et serviraient Dieu. Ses enfants, dès le bas âge, la vénéraient comme une sainte, aussi lui obéissaient-ils sans difficulté. Elle commença leur éducation par le catéchisme : un jour, le curé de Saint-Gervais se plaignait en chaire de la négligence des parents pour l'enseignement chrétien et disait : Si je demande à un enfant qu'est-ce que la foi ? Aussitôt on entendit, au milieu de l'auditoire, le dernier des fils de Mme Acarie répondre : c'est un don de Dieu... et il eût continué si sa grand'mère qui le tenait sur ses genoux ne lui eût mis la main sur la bouche pour l'arrêter. Elle leur inspirait en même temps l'horreur du mensonge : « Quand vous auriez « tout perdu et renversé toute la maison, leur disait-elle, « si vous l'avouez lorsqu'on vous le demandera, je vous « pardonnerai de bon cœur, mais je ne vous pardonnerai « jamais la plus petite menterie. Fussiez-vous aussi haut « que ce plancher, je louerais des femmes pour vous te- « nir plutôt que de laisser passer une menterie sans châ-

« timent et tout le monde ensemble ne pourrait obtenir « de moi que je vous pardonnasse une faute contre la vé- « rité. » Elle les exhortait à la concorde : « Il faut tou- « jours céder, excepté quand l'honneur de Dieu demande « que l'on résiste ; celui qui cède a toujours la victoire « sur son adversaire. » Elle les surveillait elle-même et dans ses absences, par des personnes sûres ; leur deman- dait au soir compte de l'emploi de leur temps, s'appliquait à la mortification de leur volonté en tout, écartait d'eux les personnes suspectes ou mondaines, leur choisissait des maîtres chrétiens et sévères, sans se départir d'une conti- nuelle surveillance. Dès que ses enfants furent en âge de choisir un état, elle s'en remit à la volonté de Dieu. Elle détourna toutefois son fils aîné de l'état militaire à cause des duels fréquents entre les jeunes gentilshommes, puis elle l'adressa à saint François de Sales, son confesseur, pour que le saint Evêque de Genève le recommandât au président Faure, son ami, l'un des plus grands jurisconsultes du temps. Son deuxième fils entra chez les Jésuites, puis dans le clergé séculier ; le troisième prit la carrière des armes, se maria et propagea la famille et le nom des Acarie. Les deux dernières filles se firent Carmélites ; la première hésitait ; la prudente mère songeait à la produire dans le monde, mais la jeune fille prit le parti de ses sœurs. Tous avaient entendu ces paroles de leur mère : « S'ils sont fidèles aux vues de Dieu sur leurs âmes, Il saura bien les appeler à l'état qui leur conviendra le mieux ». Mme Acarie commentait dans une autre circonstance ces mêmes paroles : « Quand je serais reine et que je n'aurais qu'un « enfant, si Dieu l'appelait à l'état religieux, je ne vou- « drais pas l'empêcher quoique je n'eusse pas d'autre hé- « ritier, et quand j'aurais cent enfants et que je serais « dépourvue de ressources pour les établir, je ne voudrais « pas non plus en mettre moi-même un seul en religion.

« Agir autrement ce serait, dans le premier cas, déranger « les desseins de Dieu ; et dans le second, se rendre res- « ponsable de la perte des âmes et de la ruine de la reli- « gion. La vocation ne peut venir que de Dieu, et l'état « religieux est si relevé que le monde entier ne saurait « faire un bon religieux. » Enfin devenue Carmélite elle-même, elle ne cessa de s'occuper de ses enfants restés dans le monde ; elle a laissé des lettres qui sont les témoignages de sa sollicitude.

Les domestiques de sa maison n'échappaient pas à sa vigilance. Elle unit la fermeté au dévouement, pour faire une maison réglée : elle en bannit les disputes, les jurements, les jeux de hasard, pour les remplacer par la prière et par le travail. Elle entretenait chaque soir ses serviteurs des vérités dont ils avaient besoin. « J'admirais, dit un témoin, tous ces domestiques, les voyant plus retenus que s'ils eussent demeuré dix ans en religion. » Chacun faisait son devoir en silence et avec une singulière modestie, et ils étaient si bien réglés en leur maintien, en leurs actions et en leurs paroles, qu'il était aisé de reconnaître la main par laquelle ils avaient été formés ». La plupart communiaient tous les dimanches, et c'était un spectacle édifiant de les voir entourer à la Sainte Table leur maîtresse et ses enfants. Une dame de Picardie vint exprès à Paris, pour se donner ce spectacle : « Qu'est-ce que j'ai vu? disait-elle, tout étonnée à M. Duval; on ne croirait jamais trouver tant de piété dans cette sorte de personnes. — Cela ne devrait pas vous étonner, répondit-il ; c'est la maison de Mme Acarie, tel maître, tels serviteurs. » Plusieurs d'entre eux entrèrent en religion. Andrée Levoix, sa femme de chambre, devient la première novice du Carmel français ; Mlle d'Abra de Raconis, sa dame de compagnie, fut aussi Carmélite ; Edmond de Messa, son valet de chambre, mourut prêtre de l'Oratoire ; Etienne, autre valet de chambre, qui portait le cilice, fut sacristain du couvent des Carmélites du faubourg Saint-Jacques, et mourut des suites d'une blessure reçue par hasard au sermon. Sa fin fut si sainte, que tous ceux qui l'avaient connu allaient au monastère des Carmélites, pour y prier sur sa tombe. La direction d'une telle maison eût suffi, ce semble, à l'activité d'une femme ; ce n'était pas assez pour le zèle dévorant de Mme Acarie : « Quand on donne son temps à Dieu, on en a toujours assez pour s'acquitter de ses devoirs », disait-elle, et ses devoirs ne cessaient de s'accroître.

CHAPITRE TROISIÈME

Activité de Mme Acarie ; ses aumônes, son zèle pour le salut des âmes.

Mme Acarie était née pour l'action ; mais avec sa prudence surnaturelle, elle résolut de n'entreprendre aucune bonne œuvre, que si elle y était poussée par un mouvement intérieur ou si, à défaut de ce mouvement, ses supérieurs le lui conseillaient. Aussi lorqu'on la lui proposait, elle consultait Dieu par la prière ou elle faisait quelque dévotion ; puis elle purifiait son intention : « Rien ne nous aveugle tant dans une affaire, disait-elle un jour à M. Duval, que de nous laisser, en la faisant, préoccuper par quelque motif humain. » Puis, pour plaire à Dieu et contenter tout le monde, elle embrassait tout, se chargeait de tout et regardait également Notre-Seigneur en tous ceux qui recouraient à elle ; elle quittait la contemplation pour l'action, toujours pour Dieu, sans émotion et sans trouble : « Il y a en moi, disait-elle, une espèce de corde qui lie mon cœur à ma tête », et elle agissait franchement et rondement, c'était une de ses maximes : « Si dans le monde on fait cas d'un homme qui se conduit avec finesse, Dieu l'a en horreur, et ne l'assiste.jamais de son esprit. » Le meilleur moyen de réussir en tout est d'y mettre de la droiture. Elle s'occupa des pauvres de Paris et de ses terres, et elle fut digne d'être appelée la mère des pauvres; elle y employait tant ses revenus que l'argent qu'on aimait à lui confier. Sa sévère économie dans son intérieur lui procurait des ressources, et parmi ceux qui lui confièrent le soin de leurs aumônes, Henri IV lui envoya pendant six mois le gain de ses jeux. Il fallait, dit un contemporain, que Dieu multipliât ce qu'elle recevait, comme il l'a fait pour quelques saints, pour soulager autant de personnes qu'elle en soulageait. Mais, parmi les pauvres, elle assistait davantage les religieux à qui elle rendait de grands services; les ecclésiastiques pauvres, qu'elle soignait elle-même dans leurs maladies, quelquefois même dans sa maison; elle pourvoyait à leurs voyages, à leurs missions. « Quel malheur pour nous, disait-elle, si les peuples manquaient de secours spirituels, parce que nous aurions manqué de fournir aux besoins corporels de ceux qui auraient pu les secourir. » Elle visitait les prisonniers, les pauvres honteux, les veuves, les orphelins, sauvant la vie et la pudeur des filles sans fortune. Pendant le terrible siège de Paris, en 1590, elle eut tous les jours à sa table des convives qui, sans son secours, seraient morts de faim. Elle se multiplia tellement en ces temps douloureux, que le peuple la vénérait comme une sainte. Elle fréquentait les hôpitaux, y soignait les malades et fit revivre parmi les grandes dames la coutume de servir les malades dans les hôpitaux. Mais ce fut surtout à celui de Saint-Gervais, où étaient entassés les militaires blessés, qu'en leur donnant le soulagement pour le corps, elle montra son talent pour le bien des âmes. Elle-même a déclaré qu'elle avait une singulière consolation à rendre les devoirs de piété et de charité aux âmes que Dieu retirait de ce monde, et qu'il ne lui était pas possible de dire combien de fois il lui avait fait cette grâce.

Elle s'employait avec tant de succès à la conversion des âmes, qu'un contemporain qui la fréquentait, a déposé sous la foi du serment, que de 1598 à 1614, elle avait converti plus de dix mille âmes. Plusieurs personnes lui durent l'abjuration de l'hérésie, soit par ses conversations, soit par la délicatesse de ses procédés : elle prenait des moyens toujours efficaces pour les réconcilier avec leurs familles. Elle put, avec M. de Bérulle, dissiper une bande d'anabaptistes, qui se tenaient aux environs de Paris : Les deux chefs donnèrent au reste l'exemple de leur conversion. Les filles repenties furent les objets d'une constante sollicitude. Elle s'appliqua à la réforme des monastères, et plusieurs lui durent le retour à la régularité. Les abbayes de Montivilliers, au diocèse de Rouen, de Saint-Etienne, de Soissons, de Montmartre, de Longchamps, de Charmes en Lorraine, de Foissy près de Troyes, les religieuses de l'Hôtel-Dieu et les Filles-Dieu de Paris, se déclarèrent redevables à Mme Acarie de la régularité qui se renouvelait dans leurs cloîtres. Aussi consultait-on cette sainte femme de toutes parts, et jamais personne ne s'est répenti d'avoir suivi ses conseils. Les plus grands prélats de l'Eglise de France, les plus célèbres docteurs lui demandaient son avis sur les matières les plus difficiles. Edmond de Messa nous apprend, que de concert avec M. de Bérulle elle entretint, pendant plus de vingt ans, une correspondance suivie avec presque tous les supérieurs des Ordres réformés, tant de France que de l'étranger.

Cette femme si active était cependant infirme. Trois fois elle eut la jambe cassée, et elle ressentit une douleur continuelle à la hanche; ses jambes demeurèrent faibles. D'autre part, elle se livrait aux plus rudes exercices de la mortification, prenant la discipline le soir et le matin, couverte du cilice. Notre-Seigneur admit son ardent désir de participer à ses divines douleurs : elle ressentit les souffrances stigmatiques à la tête, aux pieds et aux mains, et tous les états de la vie surnaturelle. A ce prix elle reçut les dons de Dieu, extases, visions, miracles, prophéties, pénétrations des consciences, et elle était ainsi disposée à l'œuvre par excellence, à laquelle elle devait donner naissance et se donner elle-même : la fondation du Carmel térésien en France.

CHAPITRE QUATRIÈME

Lecture des Œuvres de sainte Térèse. — Apparitions de la sainte réformatrice à Mme Acarie. — Démarches de Mme Acarie.

Depuis longtemps, l'abbé de Brétigny avait songé à procurer en France les Carmélites réformées de sainte Térèse ; il les avaient connues en Espagne, et avait admiré leur ferveur. Ses efforts avaient été inutiles ; cependant il ne se lassait pas d'espérer. M. Gallemant, curé d'Aumale, et l'un des plus saints personnages du temps, l'encourageait, et sur les conseils de ce grand directeur, M. de Brétigny avait entrepris la traduction des Œuvres de sainte Térèse. Il venait de donner la vie de la sainte par Ribera, et toutes les personnes pieuses lisaient cet ouvrage. Mme Acarie désira le connaître. On lui en lut une partie, mais à la surprise générale, loin d'être entraînée hors d'elle-même, comme elle l'était quand elle entendait parler de Dieu, elle ne fut pas même touchée de cette lecture, quoiqu'elle lui donnât toute son attention « soit, dit Duval, que le démon s'efforçât d'empêcher l'établissement des Carmélites qui devait opérer en France un si grand bien ; soit que Dieu ait voulu que cette sainte femme ne l'entreprît que par son ordre immédiat. Elle s'étonna même qu'une femme eût pu former une entreprise aussi grande que la réforme du Carmel.

Mais, à quelques jours de là, elle pensa différemment. Elle était en prière quand sainte Térèse, toute rayonnante de gloire, lui apparut dans son habit religieux et l'avertit de l'ordre de Dieu de travailler à l'introduction du Carmel en France. Se défiant de cette vision, Mme Acarie attendit la confirmation de ces paroles ; mais, poursuivie par ce souvenir, elle s'en ouvrit à son directeur, dom Beaucousin, prieur des Chartreux de Paris, le plus parfait religieux de cette ville. Sur son avis, MM. de Bérulle et Duval, dom Beaucousin et le P. Pacifique, capucin, s'assemblèrent. On conclut à la vérité de la vision et à la nécessité de surseoir. Huit mois après, sainte Térèse apparut de nouveau à Mme Acarie et lui assura le succès malgré les plus grands obstacles. La précédente assemblée se réunit et s'adjoignit saint François de Sales, alors à Paris, et Mme Acarie. « Laissons de côté la raison humaine, dit le prieur des Chartreux en introduisant la Bienheureuse, écoutons le Saint-Esprit parler par la bouche de son humble et fidèle servante, Mme Acarie. » Elle parla si sagement que tout le monde la jugea remplie de l'Esprit de Dieu, et saint François de Sales, prié d'en écrire au Pape Clément VIII, s'exprima ainsi dans sa lettre : « Après avoir examiné cette affaire avec attention, nous vîmes sans aucun doute que Dieu en avait inspiré le dessein et qu'elle contribuerait à sa gloire et au salut d'un grand nombre de personnes. »

Mme Acarie influa beaucoup sur le choix de MM. Gallemant, Duval et de Bérulle, pour supérieurs du nouvel Institut. Elle trouva une insigne bienfaitrice pour le premier couvent dans la personne de la vertueuse princesse de Longueville. Pendant les négociations de M. de Bérulle en Espagne pour obtenir des filles de sainte Térèse, elle s'occupa des travaux d'aménagement et de reconstruction de l'ancien prieuré de Notre-Dame des Champs, qui devait être le berceau de l'Ordre en France. Elle avait réuni, d'abord dans sa maison, du consentement de son mari, des jeunes filles qui se préparaient à la vie religieuse. Leur nombre s'augmentant, elle loua pour elles une maison sur la montagne de Sainte-Geneviève et cette congrégation en prit le nom : ce fut une pépinière de Carmélites et d'Ursulines que Mme Acarie devait aussi fonder avec le concours de Mme de Sainte-Beuve. Mme Acarie pourvoyait à tous les besoins, examinait les vocations d'après la commission des supérieurs ; elle montra la sûreté de son jugement dans l'admission des postulantes, et fournit ainsi aux religieuses espagnoles de nombreuses novices d'une vertu éprouvée. Tant de dépenses effrayaient les plus intrépides. La Bienheureuse comptait sur la Providence : « Sa bourse est grande et bien remplie ; tous les trésors de la terre y sont contenus », et elle se trouvait toujours en mesure de payer.

Quand les religieuses espagnoles eurent pris possession de la maison, le génie de la vénérable Anne-de-Jésus discerna les mérites de Mme Acarie, et résolut de les reconnaître. Le jour de la Toussaint 1606, fixé pour la vêture des trois premières novices de l'Ordre, les princesses de Longueville et d'Estouteville conduisaient deux des novices, et Mme Acarie les suivaient avec Andrée Levoix, la troisième, quand la vénérable prieure fit passer Mme Acarie et Andrée Levoix les premières. Puis à cause de la difficulté d'instruire les novices dont elle ignorait la langue, elle pria Mme Acarie de continuer leur éducation religieuse, soit au parloir, soit dans la maison où elle entrait avec Mme de Longueville qui en était la fondatrice. La seconde fille reçut aussi l'habit des mains de la mère Anne-de-Jésus. Mme Acarie fut désormais de tous les conseils où l'on traita des nouvelles fondations. Sans parler de celle de Pontoise dont nous nous occuperons bientôt en détail, disons un mot de la part qu'elle prit aux fondations qui suivirent celles de Paris et de Pontoise. Son mari ne lui permit pas d'aller à Dijon ; elle se borna à faire les préparatifs du voyage et à donner d'excellentes instructions aux novices qui devaient accompagner la vénérable Anne-de-Jésus. Elle eut plus de liberté pour la fondation d'Amiens : elle y vint de Paris avec MM. Duval et Gallemant, et fit le discernement des postulantes. Elle se rendit également à Tours pour le choix de l'emplacement du couvent que M. de Fontaines-Marans y voulait fonder. Enfin elle contribua à la fondation de Rouen et donna d'utiles conseils sur place : on les suivit et l'on surmonta beaucoup de difficultés suscitées contre l'établissement des Carmélites.

SECONDE PARTIE

CHAPITRE PREMIER.

Projet de la fondation de Pontoise. — Part de Mme Acarie dans cette fondation ; sa sollicitude particulière pour ce couvent.

Le premier couvent, à Paris, était à peine installé, que le nombre des postulantes imposa une nouvelle fondation. La vénérable Anne-de-Jésus et Mme Acarie la proposèrent, et l'on choisit Pontoise. M. Gallemant y avait établi une congrégation de filles à l'instar de celle de Sainte-Geneviève ; plusieurs d'entre elles aspiraient à la vie du Carmel. M. Duval proposait pour l'établissement du couvent la maison qu'il avait prêtée à cette congrégation, prêt à fournir à celle-ci un autre local. Mme Acarie appuya ce choix. Elle connaissait la ville : elle l'avait parcourue pour se rendre à Noyon, près de Gisors, chez son parent, M. de Sublet de Noyers, l'un des protecteurs insignes des Carmélites. Frappée de la bonne tenue des élèves du Collège de Pontoise, elle y mit pendant deux ans ses deux jeunes fils, jusqu'au retour des Jésuites alors expulsés de Paris. Enfin elle aimait la ville à cause de sa piété. Elle fut chargée de disposer la maison pour un couvent et d'examiner les congréganistes qui voulaient être religieuses. Un jour lui suffit à tout régler, et elle laissa à M. de Marillac, alors maître des requêtes et son coopérateur dans toutes ses bonnes œuvres, la surveillance des ouvriers, et revint à Paris prendre la vénérable Anne-de-Jésus qui voulait faire elle-même la fondation, la vénérable Anne de Saint-Barthélemy qui devait être la première prieure du couvent, et les autres religieuses de la fondation.

La pieuse caravane arriva le 15 janvier 1607 à Pontoise. En sortant de l'abbaye de Maubuisson, il arriva une plaisante aventure qui fit beaucoup rire Mme Acarie et qui lui fournit l'occasion de donner un avis utile. Un homme de Pontoise, recommandé par un grand seigneur, se présenta pour être le receveur des revenus du nouveau couvent : « Les Carmélites, dit la Bienheureuse à M. Duval, ont déjà la réputation d'être riches ; on demande d'être chargé de recevoir leurs revenus, comme si c'était une place importante. Si l'on fait bien, l'Ordre n'aura jamais de receveurs ; cette sorte de gens coûte plus qu'une grande partie des personnes qui composent la maison, et les religieuses peuvent faire elles-mêmes leurs recettes. »

Après la prise de possession, les religieuses passèrent au réfectoire, et, par suite du respect qu'elle leur portait,

Mme Acarie voulut elle-même les servir, quelque instance que l'on ait fait pour l'en empêcher.

Dans l'après-midi, trois religieuses de Maubuisson, édifiées de l'air de piété des mères espagnoles, firent demander l'admission dans la nouvelle communauté. M. Duval allait répondre que c'était contraire aux Constitutions de l'Ordre. Mme Acarie proposa de différer la réponse : « Le dessein d'entrer dans l'Ordre de sainte Térèse, lui dit-elle, sera très utile à ces religieuses. Occupées de ce dessein, elles deviendront plus régulières ; au lieu que, si on les refuse d'abord, elles continueront leur train de vie ordinaire. » On suivit ce conseil.

Le lendemain eut lieu la vêture des quatre premières postulantes, choisies principalement par Mme Acarie. La vénérable Anne-de-Jésus voyant que Mme Acarie avait si bien disposée la maison et qu'elle l'avait pourvue du nécessaire, ne cessait d'admirer sa prudence : et comme elle savait que Dieu l'avait extraordinairement poussée à cette œuvre, elle voulut le savoir de sa propre bouche et lui demanda comment Dieu s'était comporté dans toute cette affaire. Mme Acarie lui répondit : « Ma mère je n'y ai d'autre part que d'y avoir fait beaucoup de fautes et je prie Dieu de me les pardonner. » La vénérable mère ne put en tirer d'autres paroles.

Le 19 janvier, Mme Acarie ramena la vénérable Anne-de-Jésus avec la sœur Aimée-de-Jésus. Dans le trajet, la vénérable admirait la manière dont cette sainte femme avait établi l'Ordre en France : Comment une seule femme a-t-elle eu assez de crédit en France, à Rome et en Espagne, pour faire un établissement si difficile ? Comment a-t-elle pu trouver tout l'argent qu'on y a employé ? La bienheureuse disait de son côté : Comment une religieuse espagnole, qui n'entend pas le français, a-t-elle acquis tant d'autorité sur des personnes de mœurs et de langue si différentes ? Comment a-t-elle pu ne faire de toutes qu'un cœur et qu'une âme ?

Cependant la maison de M. Duval ne pouvait être qu'un asile provisoire ; elle n'était pas assez grande et il était impossible de l'agrandir. Il fallut songer à la construction du monastère que les Carmélites occupent encore aujourd'hui. On acheta, en 1607, un emplacement plus vaste et plus commode, « mais, dit M. de Marillac, comme les « fonds manquaient pour commencer à y bâtir, nous « nous entretenions de cet objet, Mme Acarie et moi. « Cette sainte femme m'ayant témoigné un grand désir « qu'on entreprit le bâtiment projeté, je lui demandai « si elle croyait que Dieu voulût qu'on mit aussitôt les « ouvriers en œuvre. Elle se tut, et il me paraissait que « son désir était la suite de quelque révélation que le « Saint-Esprit lui avait faite ou de quelque mouvement « intérieur qu'il avait excité en elle. Je lui fis une seconde « fois la même demande, car je savais qu'elle était dans « l'usage d'attendre que le Seigneur portât les autres à « une chose plutôt que de les y porter elle-même. Elle « me répondit que Dieu le voulait. N'en parlons plus, lui « répliquai-je, je me charge de cette affaire. En effet, les « ouvriers furent aussitôt mis en œuvre, le bâtiment fut « fait en peu d'années, et, au grand étonnement de tout « le monde, les fonds ne manquèrent jamais. » Aussi lorsque la mère espagnole Isabelle de Saint-Paul quittait Pontoise, après son priorat, en même temps qu'elle recommandait cette maison à M. de Marillac, elle s'adressait avec autant de confiance à Mme Acarie qui l'aimait beaucoup, et qui lui promit d'assister le couvent en tout ce qu'elle pourrait. En effet, dit l'Annaliste du Carmel pontoisien, « le temporel recevait en même temps quelque accroissement dans ces commencements. Dieu inspira quelques personnes de piété à secourir de leurs aumônes l'extrême pauvreté du couvent, dont le fonds principal était la grande confiance de M. de Marillac et de Mme Acarie en la divine Providence. La maison de Pontoise était la maison de prédilection de la bienheureuse, comme par pressentiment surnaturel : elle était son couvent. »

CHAPITRE DEUXIÈME.

Départ de la Bienheureuse pour entrer au couvent d'Amiens ; son passage à Pontoise, son séjour à Amiens, son retour à Pontoise.

Le 12 février 1614, Mme Acarie semblait rendre visite au couvent de Pontoise pour la dernière fois. Elle se rendait à Amiens pour y servir Dieu, en son Carmel, en qualité de sœur converse. Elle s'acquittait d'un vœu. En conduisant une sœur de Mlle d'Abra de Raconis, au monastère des Récollettes de Verdun, elle s'était rendue en pèlerinage à Saint-Nicolas-du-Port, près de Nancy et pendant qu'elle faisait ses dévotions dans l'église, sainte Térèse la gratifia d'une troisième apparition et lui annonça son entrée prochaine dans son Ordre, mais en qualité de sœur converse. Mme Acarie en éprouva une certaine peine, à cause des occupations incompatibles avec les offices du chœur qui lui plaisaient beaucoup ; mais étant encore à genoux, elle acquiesça à la volonté divine et émit le vœu d'être sœur converse au Carmel. Lorsque son mari fut attaqué, en octobre 1613, de la maladie dont il mourut le mois suivant, elle eut une révélation de sa fin prochaine. « Cette révélation, dit M. de Marillac, fut pour « elle d'une si grande évidence, qu'elle ne craignit pas de « m'exposer dans le plus grand détail ce qu'elle allait « faire pour entrer en religion. Elle ne disait pas qu'elle « prendrait ce parti dans le cas où Dieu disposerait de son « époux : elle parlait de son dessein sans y mettre aucune

« condition. Elle me nomma le couvent d'Amiens comme « devant être le lieu de sa retraite, et elle me fit connaître « la manière dont avant de s'y rendre, elle arrangerait « ses affaires temporelles, ce qu'elle emporterait avec « elle et les personnes par qui elle se ferait accompa- « gner ». Tout arriva comme elle l'avait prédit. Elle perdit son mari, lui rendit les derniers devoirs en épouse aimante et chrétienne, et régla ses affaires. Dès qu'elle put sortir du lit, où une maladie de jambe la retenait, à l'insu de ses fils, elle demanda l'entrée au couvent. Les supérieurs l'agréèrent et lui donnèrent une obédience pour Amiens, assez éloigné de Paris pour la tenir à l'écart des visites qui auraient nui à son recueillement. Elle obtint plus difficilement d'être sœur converse. Enfin elle se mit en route, portée dans une litière, l'état de sa jambe ne lui permettant pas d'autre voiture.

Elle s'arrêta à Pontoise et coucha chez les Carmélites. Ces religieuses aimaient beaucoup Mme Acarie qui ne les aimait pas moins; elle les avait formées presque toutes aux vertus de leur état, et celles-ci l'accueillaient avec une affection d'autant plus vive qu'elles croyaient la voir pour la dernière fois. Cette sainte femme entretint en particulier la mère Agnès-de-Jésus, prieure de la maison, la mère Marie-de-Saint-Joseph, sous-prieure, et la sœur Aimée-de-Jésus, qu'elle aimait plus que toutes les autres. Plusieurs voulurent lui communiquer les dispositions de leurs âmes; elle refusa de les entendre, s'excusant de n'avoir pas reçu la permission des supérieurs. Elle ajouta qu'il ne lui convenait pas d'enseigner aux autres des choses qu'elle allait commencer à apprendre.

Dès qu'elle fut arrivée au couvent d'Amiens, la communauté vint la recevoir en cérémonie, mais la Bienheuse se jeta aux pieds de la prieure qu'elle avait jadis formée. Puis elle se rendit à la cuisine, et s'y employa avec tant d'ardeur qu'au bout de trois ou quatre jours, elle se blessa et ne put désormais marcher sans béquilles ou sans bâton, excepté deux fois, à sa vêture et à la cérémonie d'un voile. On l'admit par exception à la prise d'habit avant le temps prescrit, elle le reçut des mains de M. Duval, le 7 avril 1614, le lendemain de la Quasimodo en la fête de l'Annonciation : aussi lui donna-t-on le nom de Marie-de-l'Incarnation. Elle avait quarante-huit ans : On fit la cérémonie de grand matin pour ne pas exposer aux regards du public les grâces extraordinaires qu'elle pourrait alors recevoir, et ce fut sage. Elle parût abîmée en Dieu ; son visage était plus beau qu'à l'ordinaire. Elle resta en extase à la fin de la cérémonie, puis se rendit à la cuisine préparer le dîner de la communauté. Pendant son noviciat elle fut plutôt une maîtresse qu'une disciple, en offrant dans toutes ses actions un modèle de toutes les vertus, soit dans son office, soit dans ses maladies. Les supérieures fixèrent la cérémonie de ses vœux au 8 avril 1615. Comme la violence de la fièvre l'empêchait de se lever, on transporta son lit dans une des infirmeries qui donnait sur l'église ; après la communion, M. de Bérulle et la prieure reçurent sa profession. Elle était en convalescence d'une maladie pendant laquelle on lui avait administré les derniers sacrements. Elle recouvra même entièrement la santé dont elle jouit pendant un an, quelquefois tiraillée par un mal de jambe.

Cette année, aux élections qui eurent lieu au couvent, la communauté élut à l'unanimité la Bienheureuse, prieure ; mais M. Duval qui présidait, annula ce vote. On nomma la mère Anne-du-Saint-Sacrement, ancienne élève de Mme Acarie, du couvent de Paris et la propre fille aînée de la Bienheureuse Marie-de-Jésus, comme prieure et sous-prieure. La nouvelle prieure étant absente, la sous-prieure dut recevoir à sa place l'hommage de la communauté.

La Bienheureuse vint en son rang, et rendit ses devoirs à genoux, à sa fille, à qui elle donnait volontiers le nom de mère et demandait avec aisance permission d'agir. Cependant Amiens était à la veille de perdre un si précieux trésor. Une maladie nouvelle s'abattait sur le corps de la Bienheureuse et ses extases se multipliaient. On crut devoir la rapprocher de Paris pour lui donner plus efficacement les secours de l'âme et du corps dont elle avait besoin. Elle reçut une obédience pour Pontoise. Dieu voulait secourir cette pauvre maison en lui donnant des rapports avec des personnes riches que le séjour de la Bienheureuse y attirait; Il voulait illustrer ce monastère en lui confiant le dépôt des reliques de la fondatrice du Carmel français.

CHAPITRE TROISIEME.

Arrivée de la Bienheureuse à Pontoise ; service qu'elle rend au couvent ; sa mort.

Cette maison, dit l'Annaliste, éprouvait alors un certain sentiment extraordinaire et comme l'espérance d'un grand bien. « Une sœur du voile blanc, Anne-de-Saint-« Laurent, étant au chœur, après complies, sans lumière, « comme c'est la coutume, vit la route du chœur toute « parsemée d'étoiles et trois autres s'adjoindre à elles : « l'une de ces trois dernières brillait comme un soleil. « Cette vision devait avoir son prochain accomplissement. » La prieure, la mère Marie-de-Saint-Joseph, avertie par M. Duval, n'osait espérer un tel avantage et n'en communiqua pas de suite la nouvelle à la communauté, tant elle redoutait un contre-temps ! Enfin la bienheureuse arrivait le 7 décembre 1616, accompagnée des mères Marie-du-Saint-Sacrement et Thérèse-de-Jésus, professes de Pontoise et de retour de Flandres depuis peu de jours, et d'une converse, Antoinette-de-Saint-Elie, chargée de l'assister. Elle se jeta aux genoux de la prieure et lui dit avec son humilité ordinaire : « Ma mère, je viens ici vous donner bien de la peine, car j'en donne beaucoup où je vais. » Après une visite au chœur, elle voulait se rendre à la cuisine ; on le lui refusa. La communauté voulait se donner la satisfaction de converser avec elle. Alors elle demanda huit jours de licence à la prieure pour apprendre à connaître les sœurs et pour se récréer saintement avec elles. La prieure étendit cette permission plus longtemps, la pria de parler à la communauté et la chargea des novices, malgré les résistances de son humilité. Elle écrivit à M. Duval pour le remercier et en reçut cette réponse : « Vous devez être satisfaite, vous avez demandé bien des fois qu'on vous envoyât de bons sujets et l'on vous a envoyé la meilleure de l'Ordre ». Il lui recommandait en même temps de ne rien faire sans le conseil de la Bienheureuse.

La Bienheureuse fut étonnée de l'extrême pauvreté des bâtiments. Les murs de la clôture étaient prêts à tomber ; on n'était pas en état de faire pour un écu de dépenses extraordinaires ; à peine pouvait-on subvenir aux besoins ordinaires et c'était de la bourse de M. de Marillac que l'on vivait. Cependant, après s'être concertée avec M. de Marillac, qui avait voulu la voir et qui avait visité la maison, sur l'ordre de M. Duval, elle encouragea si bien les religieuses à la confiance en Dieu, que malgré les dettes dont elles étaient chargées, on emprunta à diverses reprises vingt mille livres : on mit les ouvriers à l'œuvre en 1617 ; on changea de place un escalier ; ce qui fournit l'emplacement d'un ermitage qu'elle décora de tentures faites de ses mains. Elle y fit jeter les fondements du bâtiment des infirmeries. Puis elle songea à la décoration de la chapelle. Le chœur fut lambrissé, la chaire restaurée, des tableaux commandés. Elle suggérait des idées aux ouvriers et surveillait les travaux. On commença un bel ornement en velours rouge cramoisi avec broderies d'or et d'argent ; elle manda un brodeur de Paris pour apprendre aux sœurs la broderie, par la grille de la chapelle de l'infirmerie. Infirme, elle excitait les sœurs au travail : Courage, mes sœurs, nous travaillons pour Dieu ; oh ! si je le pouvais, je le ferais de grand cœur. Elle put obtenir la cession d'un jardin contigu à celui du couvent, vainement tentée jusqu'alors. La mère prieure lui témoignait son inquiétude : Je crains, lui disait-elle, que vous ne mouriez après nous avoir endettées. La Bienheureuse, alors malade, lui répondait : « Ne vous inquiétez pas, ma mère, le Seigneur y pourvoira, le couvent ne sera pas longtemps à s'acquitter et, dans deux ans, vous ne devrez plus rien ». Les aumônes arrivèrent et la prophétie fut accomplie.

La présence de la Bienheureuse eut encore l'inappréciable avantage de préserver la maison de Pontoise des innovations de M. de Bérulle. Des difficultés s'étaient élevées entre les supérieurs. MM. Gallemant et Duval vinrent exprès à Pontoise, conférer avec la Bienheureuse à ce sujet. Elle approuva leurs idées, éloigna toutes les nouveautés et restaura les coutumes avantageuses à l'Ordre. M. de Bérulle arriva à son tour pour entraîner la Bienheureuse à son avis. Il la mande au confessionnal et l'ayant trouvée inflexible, il s'éleva devant elle contre les deux autres supérieurs. Elle répondit avec douceur : « Permettez-moi que je ne parle pas contre mes supérieurs. Ils sont serviteurs de Dieu, vous l'êtes aussi, et moi qui suis-je? Ce qu'ils maintiennent est juste. » L'abbé la reprit aigrement et la tint deux heures à genoux malgré son extrême faiblesse. Elle ne répondit pas aux reproches et tint bon : les innovations n'eurent pas lieu.

Elle tomba malade peu de temps après et sentit sa fin

prochaine. Elle était atteinte d'un violent rhume et d'une inflammation de poumons. Le 11 février, son état fut si alarmant, que l'on manda M. Duval de venir lui donner le saint viatique. Elle éprouva quelque soulagement des remèdes que M. de Marillac lui apporta de Paris. Mais son corps était d'une faiblesse extrême, et son âme consommée en grâce. Elle était à son terme, et si près de Dieu que toutes les choses de la terre étaient déjà mortes pour elle. Son cœur et son esprit n'entendaient plus que le langage de l'amour qui la consumait plus que la fièvre. Le 18 avril, jour de sa mort, elle ne put se servir de sa langue que pour exprimer l'ardeur de sa reconnaissance envers Dieu. M. Duval, arrivé de Paris, la trouva à l'extrémité et sans voix. Il entra pour lui donner le sacrement de l'Extrême-Onction. Après avoir reçu la première onction, elle expira. M. Duval ne poursuivit pas et dit : « Il suffit; elle a reçu l'essence du sacrement» ; puis se tournant vers la communauté, il ajouta : « Au moment où je vous parle, elle jouit déjà de Dieu. »

CHAPITRE QUATRIÈME

Obsèques de la Bienheureuse ; pélerinages à son tombeau; enquêtes canoniques ; béatification de Sainte-Marie-de-l'Incarnation.

Tandis que les religieuses ne cessaient de pleurer, la musique de Saint-Maclou, qui était dans la chapelle, sur l'ordre du curé, grand admirateur de la Bienheureuse, multipliait les *Alleluia*, comme un chant triomphal qui convenait à l'assomption de cette sainte âme. Sans aucun avertissement le bruit se répandit : la sainte est morte ! La foule envahit le couvent, et si la grille n'eût été très forte, tout eût été brisé. On exposa son corps à la grille, et M. de Rancé, vicaire général de Pontoise et grand ami de la maison, vint avec son clergé lui rendre les honneurs funèbres. Il fut saisi de la beauté de la Bienheureuse et assura que c'était un reflet de sa beauté céleste. M. de Marillac envoya un sculpteur et un peintre pour prendre son buste et son portrait. M. Duval permit qu'on ouvrit le corps pour en tirer le cœur, qui fut enfermé dans une boîte de plomb et enterré à une place spéciale, en présence de quatre témoins seulement. Il officia à l'enterrement qui fut très solennel, au milieu d'un grand nombre d'ecclésiastiques. Le second fils de la défunte, Pierre Acarie, chanoine de Rouen, s'y trouvait. M. Duval ordonna ensuite aux religieuses d'écrire les particularités qu'elles connaissaient sur la défunte. Il prévoyait qu'on lui demanderait d'écrire sa vie, et en effet il en fut sollicité de toutes parts.

La dévotion devint telle, que toutes les personnes qui avaient connu la sœur Marie-de-l'Incarnation demandèrent avec de grandes instances quelqu'une de ses reliques; on la priait et plusieurs assuraient avoir reçu de grandes grâces par son intercession. Ce qui l'accrut, ce fut qu'immédiatement après son décès, une odeur miraculeuse se fit sentir, différente de celle qui sort de reliques de sainte Térèse. Elle s'était déjà fait sentir fort souvent dans la cellule de la Bienheureuse pendant sa dernière maladie. Cette odeur précédait les miracles ou annonçait un succès extraordinaire. Comme Urbain VIII n'avait pas encore porté le décret qui défend de donner des honneurs aux personnes non canonisées, on apportait à ce tombeau huit ou dix cierges par jour : on y brûla plus de dix mille cierges en deux ans; les messes s'y disaient au nombre de dix-sept par jour. Les *ex-voto* et les aumônes étaient considérables.

Cependant les pèlerins se plaignaient de ne pas voir ce tombeau qui était dans le cloître, à l'intérieur; on construisit avec les deniers de M. de Lamoignon une chapelle qui permettrait de le voir de l'extérieur et de l'intérieur. Cependant le corps n'y fut pas déposé, il y avait trop peu de temps que la Bienheureuse était décédée pour qu'on pût obtenir la permission de lever son corps de terre. Cette chapelle devint bientôt insuffisante : on en construisit une autre en 1626. M. de Marillac ayant rendu un service à la reine-mère, Marie de Médicis, obtint le marbre nécessaire pour le monument qui était visible des deux côtés, et pour la statue qui devait le couronner. Il y fit graver le nom et les armes de la reine. On voyait encore ce tombeau en 1792.

M. de Marillac, devenu garde des sceaux, ne négligeait rien de ce qui pouvait contribuer à la gloire de la Bienheureuse. Il avait déjà obtenu depuis plusieurs années, de l'archevêque de Rouen, une première enquête juridique présidée d'abord par l'abbé de Rancé, grand vicaire de Pontoise, puis par M. Arnoux, grand vicaire de Soissons. Quoique malade et surchargé d'affaires, il se fit lire toutes les pièces et les expédia à Rome. Il obtint l'appui de la reine-mère, fort dévote à la Bienheureuse, et de la reine Anne d'Autriche qui était déjà venue en pèlerinage au tombeau de la Bienheureuse, qui avait visitée sa cellule et laissé un ostensoir d'or, l'offrant à Dieu en l'honneur de la Bienheureuse afin d'obtenir un dauphin. Le Pape Urbain VIII délégua l'archevêque de Sens, Octave de Bellegarde, pour les secondes informations et pour la visite du tombeau. L'archevêque de Sens vint en août 1630, en qualité de commissaire apostolique, accompagné de quatre ecclésiastiques délégués par la Sacrée Congrégation des Rites, et en présence de plusieurs ecclésiastiques et laïques distingués, de la communauté tout entière, on procéda à l'exhumation du cercueil. On mit le corps dans une autre bière, sans le bouger de la planche qui le portait. On y fit toucher des milliers de chapelets, des taffetas, pour servir de reliques. On prit des fragments de ses ossements imbibés de sa chair qui, loin de se corrompre, s'était fondue comme une cire. On couvrit ce saint corps d'un damas cramoisi et d'un linceuil par-dessus, et on le renferma dans un nouveau cercueil. On le replaça en terre au même endroit. Pendant toute cette opération, l'assemblée fut embaumée des odeurs suaves qui venaient de ces saintes dépouilles

En 1634, la prieure ayant appris l'approche des Croates qui avaient envahi la Picardie, ne jugeant pas le corps de la Bienheureuse en lieu sûr là où il était, pour éviter une profanation de la part de ces ennemis qui fouillaient les tombeaux, le fit exhumer secrètement, en prenant toutes les mesures pour établir son authenticité. Quand la paix fut rétablie, la prieure le fit retirer de cet endroit, et après qu'on eut fait les constatations nécessaires, sur l'ordre de M. Duval, on le déposa dans le tombeau préparé par M. de Marillac. En 1643, l'archevêque de Sens revint compléter les informations canoniques, fit l'ouverture du cercueil et transféra les ossements dans un nouveau cercueil de plomb et la bière fut replacée dans le tombeau. L'œuvre du commissaire apostolique était terminée, le procès de béatification allait s'ouvrir à Rome.

Comme le Pape Urbain VIII avait réglé qu'on ne pourrait entamer un procès de béatification que cinquante ans après la mort d'une personne morte en odeur de sainteté, le procès se trouvait donc suspendu. Vainement, à la requête de la mère prieure Jeanne-de-Jésus, l'assemblée du Clergé réunie à Pontoise en 1651 et 1656 écrivit-elle au Pape pour l'abréviation de ce délai ; vainement Louis XIV, la reine Marie-Térèse, sa femme, et la reine de Pologne multipliaient les instances, grâce au chancelier Séguier, miraculeusement guéri par l'intercession de la servante de Dieu ; le procès ne fut même pas repris après l'expiration du délai, et pendant un siècle on tenta inutilement de reprendre la cause. Enfin, en 1782, Mme Louise de France, Carmélite à Saint-Denis, détermina son neveu Louis XVI et l'assemblée du Clergé de France à écrire au Pape pour lui demander la béatification de la sœur Marie-de-l'Incarnation. Le 7 janvier 1784, le Pape donna un décret qui autorisait la Congrégation des Rites à s'en occuper. La Congrégation porta, le 27 septembre 1788, un jugement favorable sur l'héroïcité des vertus de la servante de Dieu ; puis elle examina les trois miracles opérés à son tombeau. Enfin, le 24 mai 1791, le Pape Pie VI donnait le bref de la béatification et en fixait la cérémonie le 6 juin suivant. Elle eut lieu à Saint-Pierre.

Le couvent de Pontoise n'eut pas le bonheur de solenniser cette béatification : la municipalité le lui défendit. D'ailleurs les religieuses se voyaient à la veille d'être expulsées de leur monastère. Elles voulurent éviter la profanation de ces saintes reliques et les confièrent à un ami de leur maison, M. de Monthiers, qui les transporta dans la chapelle de son château de Nucourt. Le directoire du district de Pontoise l'ayant appris, ordonna que le corps de la sœur Marie-de-l'Incarnation serait enterré dans le cimetière de Nucourt, et nomma un commissaire pour présider à cette inhumation. On brûla les papiers qui établissaient l'authenticité, les ossements furent inhumés et le cercueil de plomb rapporté à Pontoise, avec les choses plus ou moins précieuses qu'il contenait. Cet acte de vandalisme eut lieu le 21 novembre 1793.

Les circonstances étant devenues plus favorables, le saint corps fut retiré de la fosse le 19 mai 1797. On s'entoura de toutes les précautions pour constater son authenticité, et il fut replacé dans un lieu plus convenable. Enfin, les Carmélites ayant pu rentrer dans leur monastère après trente ans d'absence, elles reçurent le 7 mai 1822, des mains de M. de Monthiers, ces précieux restes qui sont la gloire et le trésor de ce monastère.

Dans ces dernières années ils ont été replacés dans une nouvelle châsse qui forme le tombeau de l'autel, dans la chapelle qui porte le nom de la Bienheureuse. Une glace permet de voir une effigie de cire qui recouvre les principaux ossements et qui reproduit les traits de la sainte servante de Dieu à son lit de mort, alors qu'elle était dans l'extase. Le couvent possède encore dans plusieurs reliquaires des ossements, des fragments de sa chair, de ses vêtements, mais ce qu'il possède surtout c'est son esprit qui maintient la régularité et sa protection qui ne lui fait jamais défaut.

Plaise à Dieu que les pèlerinages à ce bienheureux tombeau, inaugurés par saint François de Sales, par sainte Chantal, par le P. Bernard, le pauvre prêtre, par les reines, les princes et les princesses, par la cour et la ville, se renouvellent dans cette chapelle si riche en souvenirs. Plaise à Dieu, disons-nous avec Mgr Dupanloup auquel nous empruntons ces dernières lignes, que ces ossements sacrés « inspirent aux vierges, aux mères, aux veuves et « enfin aux épouses de Jésus-Christ et à toutes les femmes « chrétiennes ces vertus généreuses qui font dans tous les « états de la vie les femmes fortes, les grandes âmes, ces « âmes dont le siècle présent et notre triste patrie ont un « si profond besoin, au milieu de la défaillance univer- « selle des caractères et des vertus ! »

VERSAILLES. — L. RONCE, IMPRIMEUR DE L'ÉVÊCHÉ, RUE DU POTAGER, 9.

www.ingramcontent.com/pod-product-compliance
Ingram Content Group UK Ltd.
Pitfield, Milton Keynes, MK11 3LW, UK
UKHW021318190726
13839UKWH00007B/1970